27
L n 19544.

ÉLOGE

HISTORIQUE

De feu M. THIEULLEN, Premier Président de la Cour Impériale de Rouen, Chevalier de la Légion d'Honneur, Baron de l'Empire, Membre de l'Académie des Sciences, Belles-Lettres et Arts de la même ville;

Prononcé dans la Séance publique du 7 Août 1812, par Marie-Jacques-Amand BOIELDIEU, *Avocat à la Cour Impériale de Rouen, de la même Académie.*

Breve et irreparabile tempus

Omnibus est vitæ, sed famam extendere factis

Hoc virtutis opus

Æneidos, lib. X.

✶

A ROUEN,

Chez P. PERIAUX, Imp. de l'Académie, et Imprimeur en Taille-douce, rue de la Vicomté, n° 30.

1813.

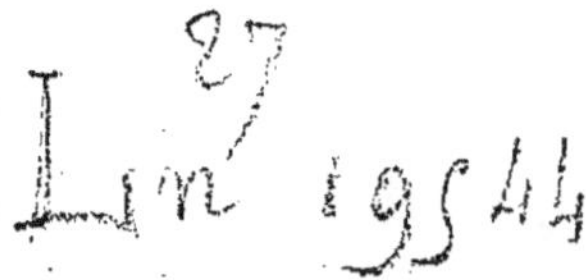

ÉLOGE

HISTORIQUE

De feu M. THIEULLEN, Premier Président de la Cour Impériale de Rouen, Chevalier de la Légion d'Honneur, Baron de l'Empire, Membre de l'Académie des Sciences, Belles-Lettres et Arts de la même ville.

<center>~~~~~~~~~~</center>

MESSIEURS,

QUAND le Génie tutélaire qui préside maintenant aux destins de l'Empire conçut la noble et judicieuse pensée d'en fonder la prospérité sur la puissance des lois ;

Quand, pour y parvenir, il s'empressa d'instituer, au sein même de sa capitale, le Tribunal suprême qui devait en régulariser l'exécution et en conserver le véritable esprit,

Il ne balança point, en développant la pensée de

A

l'orateur romain (1), à proclamer cette grande vérité : » Que les *qualités militaires* ne sont nécessai-
» res que dans quelques circonstances ; mais que
» *les vertus civiles*, qui caractérisent le vrai Magis-
» trat, ont une influence de tous les moments *sur*
» *la félicité publique* (2).

Si, de l'aveu même du Chef de l'Etat, aveu qu'on
ne pouvait guère attendre que d'un Héros, lors
sur-tout que l'éclat et la rapidité de ses conquêtes
avaient déjà depuis long - temps effacé jusqu'aux
trophées d'Annibal, de César et d'Alexandre ; si,
disons-nous, le bonheur des peuples tient de si près
aux grandes et belles qualités de ceux que le Prince
appelle à l'honneur de rendre la justice en son
nom, devons-nous être surpris des profonds gémissements dont nous a rendu témoins la perte encore récente de l'homme de bien que ses lumières et son véritable amour pour la chose publique
avaient placé à la tête de l'auguste aréopage qui fait
aujourd'hui l'ornement et la gloire de cet heureux
et vaste département ?

Partageant la douleur de nos concitoyens, déjà
trois orateurs (3), également recommandables par
le rang qu'ils occupent dans l'illustre compagnie qu'il
présidait, et par les précieux talents qui leur ont
acquis de si grands droits à notre estime ; oui,
Messieurs, déjà trois orateurs se sont empressés

---

(1) *Cicero, de officiis, caput* 22.

(2) Réponse de Sa Majesté, alors Premier Consul, au discours
de M. Tronchet, le jour de l'installation duTribunal de cassation,
au 2 floréal an 8. (*Dans Sirey, page* 181 , *tome* 1 , 2ᵉ *partie*).

(3) M. le Baron Fouquet, Procureur général ; M. Eude,
Président de la 2ᵉ Chambre, et M. Aroux, Iᵉʳ Avocat général,

d'offrir successivement à ses manes justement ho-
norés, le tribut d'éloges que lui méritaient et ses
vertus domestiques, et son dévouement aux grands
intérêts de la patrie.

Non moins sensible que le corps de la haute magistrature à ce trop funeste et trop déplorable évène-
ment, qu'on pouvait appeler *une véritable calamité*,
celui de l'Académie, auquel il se faisait gloire d'ap-
partenir, attendait sans doute, avec impatience,
que la solennité du jour qui nous rassemble ici, lui
permît enfin de donner le même éclat à ses justes
regrets.

Chargé par vous, MESSIEURS, de l'honorable soin
de les manifester aujourd'hui, sans doute il me
sera difficile de vous parler de M. Thieullen et de
ses modestes vertus, avec le talent de ceux qui
m'ont devancé dans la carrière.

Mais si, disciple autrefois de celui même dont ils
ont aussi dignement honoré la mémoire, je ne sau-
rais qu'imparfaitement répondre à votre attente, vous
voudrez bien, MESSIEURS, pardonner le désordre
de mes idées au pénible sentiment dont je ne puis
me défendre en une circonstance aussi douloureuse à mon cœur; et vous ne perdrez pas de vue
que, ne pouvant écouter ici que l'ardeur de mon
zèle, j'ai dû négliger tous les ornements de l'art
pour ne songer qu'à payer le doux tribut *de la reconnaissance*.

Si la grandeur morale est, MESSIEURS, la seule
et véritable grandeur aux yeux du sage, on peut
dire, avec une sorte de raison, que M. Thieullen,
sans avoir eu d'aïeux recommandables par un sang
illustre, n'en est pas moins né avec toutes les pré-
rogatives de la noblesse.

En 1751, il dut le jour à de riches propriétaires-cultivateurs du grand Caux. Il y fut élevé par les soins de la plus tendre des mères, sous les yeux de laquelle s'écoulèrent paisiblement les premières années de sa jeunesse.

Jaloux de lui donner une éducation tout-à-la-fois solide et brillante, son père s'occupa bientôt du soin de lui choisir une maison propre à remplir ses louables desseins.

Il existait alors en cette ville un pensionnat dont les rapides succès de plusieurs de vos propres membres justifient encore aujourd'hui la grande célébrité. Je veux parler de ce bel établissement connu sous la désignation de *Séminaire de Joyeuse*, et dont un Cardinal de ce nom illustre avait été le généreux fondateur.

M. Thieullen père, qui, dans l'éducation de la jeunesse, comptait pour beaucoup la religion, se hâta de placer ce fils, si tendrement aimé, au nombre des élèves de cette maison, où les maîtres, aussi prudents qu'éclairés, faisaient marcher de front les éléments des lettres latines et ceux de la véritable morale qui, seule, peut faire des savants eux-mêmes, de vrais, de paisibles et d'utiles citoyens.

Long-temps nourri dans les champs paternels, où, loin de la corruption des grandes cités, une providence attentive avait placé son heureux berceau, le jeune Thieullen porta et sut conserver, dans cet établissement, ce précieux trésor des bonnes mœurs qu'il tenait d'une famille estimable, et dont la seule présence, en offrant aux autres l'image de la vertu, leur en faisait naître le goût ou le désir, et leur en imprimait déjà, par avance, le sentiment et les caractères.

Mais la sagesse d'une conduite exemplaire ne fut pas le seul titre qui lui concilia le véritable attachement de ses supérieurs ou de ses maîtres, il sut bientôt s'attirer leur éloge par les succès les plus éclatants.

Après avoir constamment brillé dans ses humanités, qu'il fit au collége de Rouen, il en termina le cours de la manière la plus honorable, par une victoire signalée qu'il remporta sur les plus redoutables concurrents qui vainement lui avaient disputé *le prix d'honneur* à la fin de sa première année de *rhétorique.*

A peine sorti victorieux d'une lutte aussi belle qu'elle eût été périlleuse pour tout autre moins nourri des vrais préceptes de l'éloquence latine, il alla chercher de nouveaux triomphes au sein même de la capitale, où, après avoir fait une seconde année de rhétorique au collége de Lisieux, il sut, à l'université même où il fut admis à concourir, conserver tout l'éclat de sa réputation.

Des palmes moissonnées avec tant de rapidité dans le cours brillant de ses humanités, étaient le présage naturel et certain de celles qu'il devait obtenir en *philosophie.*

A peine, en effet, en eut-il saisi les principaux éléments sous les professeurs habiles qui l'enseignaient au même collége de Lisieux, qu'il s'y fit bientôt remarquer par un ordre, une méthode et une justesse de raisonnement qui dès-lors annoncèrent un *dialecticien judicieux* et profond. Et la thèse qu'il soutint à la fin de l'année, au milieu des applaudissements d'un cercle nombreux d'auditeurs éclairés, confirma les hautes espérances qu'il avait fait naître.

Arrivé au terme des études indispensables à tous ceux qui aspirent aux emplois importants de la société, il s'occupa bientôt du choix d'un état honorable.

A l'époque où nous étions alors, la carrière des armes et celle de la haute magistrature n'étaient guère ouvertes, vous le savez, MESSIEURS, qu'aux enfants de famille qui joignaient aux avantages d'une grande fortune ceux d'une naissance distinguée.

Il ne restait donc aux jeunes gens que le sort avait placés dans une sphère moins brillante, et qui ne voulaient pas courir les chances hasardeuses du commerce, il ne restait d'autre parti honorable à prendre que celui ou du sacerdoce, ou du barreau, ou de la médecine-pratique.

Déjà le long séjour qu'il avait fait dans la capitale, l'avait mis plus d'une fois à portée d'entendre au palais ce que l'on y remarquait alors d'orateurs vraiment dignes de ce nom.

Gerbier y brillait encore de tout son éclat, et réunissait en sa personne toutes les graces d'une élocution facile à la force d'une argumentation victorieuse. Cet intrépide défenseur du bon droit et de la vérité y consolait le barreau français de la perte irréparable de l'immortel et vertueux Cochin.

Entraîné par le charme des talents d'un si puissant orateur, le jeune Thieullen sentit bientôt naître sa vocation pour un ministère qu'il devait un jour lui-même honorer si puissamment.

Si, en effet, comme l'a si bien défini Cicéron, l'Avocat, vraiment digne de ce nom imposant, est un homme de bien, doué du don de la parole : *vir bonus, dicendi peritus ;*

Si , comme l'a dit encore l'illustre chancelier Daguesseau , « *l'ordre auquel il appartient est aussi* » *ancien que la magistrature , aussi noble que la vertu ,* » *aussi nécessaire que la justice* « ;

Si , d'après Ulpien (1) , l'Avocat est le prêtre de la loi , chargé de l'honorable soin de porter les autres à l'équité et de les détourner de tout ce qui peut porter atteinte à ses droits , quel état était plus propre à enflammer les nobles désirs d'un jeune homme ami de la vertu , que celui qui devait à jamais le consacrer à la défense de l'orphelin ou de l'opprimé , qui allait lui imposer l'obligation d'être toujours équitable et laborieux , de ne jamais , dans l'intérêt de sa fortune ou dans celui même de sa gloire , prendre conseil des circonstances plus ou moins favorables à son triomphe ; qui, au milieu des clameurs de la prévention , ou de l'oubli même des ingrats , le forcerait souvent à déployer toute l'énergie du courage ou de l'intrépidité pour braver le crédit d'une injuste puissance , et à sacrifier ses plus belles espérances , disons mieux , jusques à sa vie elle-même , pour sauver de l'opprobre ou arracher au dernier supplice l'innocence abandonnée ou méconnue.

Bien pénétré de toute l'importance et de toutes les difficultés d'une profession où le désintéressement même et la plus stricte délicatesse ne mettent pas toujours à l'abri de la calomnie , le jeune Thieullen ne s'en livra pas avec moins d'ardeur aux études propres à lui ouvrir une carrière dont, à Rome même , les maîtres du monde avaient am-

---

(1) Dict. leg. 1, tit. 1, lib. 1, ff.

bitionné la gloire , d'une carrière où César et Titus avaient moissonné leurs premiers lauriers , d'une carrière enfin que, dans un siècle plus rapproché du nôtre, un Richard, un Antoine, fils de Henri III, tous deux, le front encore ceint du bandeau des Rois d'Angleterre , se firent un honneur de parcourir , pour assurer par eux-mêmes le triomphe de la justice et celui de l'humanité.

Après avoir fait son droit à l'université de Paris, avec cette distinction qu'on devait naturellement attendre de ses premiers succès, le jeune Thieullen quitta la capitale et revint à Rouen au sein de sa famille qui l'y attendait avec impatience. Accueilli avec un égal empressement de la part des Magistrats et du Barreau , il y fut reçu au serment d'Avocat, à l'époque de 1773.

Nourri de la lecture des auteurs les plus célèbres du siècle de Louis XIV , et particulièrement de celle de Massillon et de l'auteur de Télémaque, qu'il affectionnait beaucoup et qu'il avait spécialement pris pour modèles, il se fit bientôt remarquer au Parlement par une éloquence *douce* , *insinuante* et *persuasive.*

Son début à la Chambre de la Tournelle eut un grand éclat et fut l'heureux présage des véritables succès qu'il devait obtenir un jour.

Un concours nombreux d'auditeurs que le bruit de sa réputation naissante avait attirés , donna les plus beaux et les plus justes éloges à son premier triomphe qui , dès-lors , lui mérita l'honneur signalé d'être surnommé *l'orateur du sentiment.*

On ne saurait pourtant se dissimuler, Messieurs , combien, à cette époque , il était vraiment difficile de se faire un nom au Palais et de l'y conserver.

Le Barreau de Rouen comptait alors dans son sein les jurisconsultes et les orateurs les plus distingués.

Les Thouret, les Ducastel, au premier rang, y avaient ramené les beaux jours de l'éloquence. Les Ferry, les Moulin, et tant d'autres encore existants que je m'abstiendrai de nommer pour n'en pas blesser la modestie, en préparaient l'heureux et noble triomphe par leurs écrits lumineux et profonds.

Fait pour apprécier des hommes aussi recommandables par les talents, le jeune Avocat en sentit, reconnut et loua sincèrement le mérite, mais n'en fut point intimidé.

En rendant hommage à leurs lumières, il ne pouvait se dissimuler ses propres forces, et se promettant encore de nobles triomphes dans un genre qui n'était pas le leur, il ne redouta point d'entrer en lice avec eux ; et, digne de combattre des jurisconsultes dont ses qualités aimables lui avaient concilié l'estime et l'amitié, il en devint bientôt le rival et souvent même le rival heureux.

Mais, il faut le dire à sa louange, jamais ses succès ne furent ceux de l'intrigue ou de la bassesse qui s'agite et se tourmente pour surprendre une décision injuste à la religion des Magistrats. Ils étaient le fruit naturel de ses veilles et de ses études approfondies.

Comme tous les hommes éclairés et délicats, il savait douter, et craignait souvent de prêter son ministère à l'injustice toujours prête à nous abuser. Quoique doué d'une grande pénétration et d'une abondance ingénieuse et facile, il ne voulut jamais tenir rien du hasard. Et, dédaignant cette gloire si vaine et quelquefois si fatale aux vrais intérêts des clients, d'aborder une question sans l'avoir auparavant approfondie, jamais, à moins d'une circonstance impérieuse, d'une nécessité absolue, jamais, par respect pour ses Juges autant que pour lui-même, il ne paraissait aux audiences sans avoir analysé sa procédure, établi solidement, dans un extrait détaillé, son plan d'attaque ou de défense. Empruntant les propres expressions du prince des orateurs latins dont il aimait, sur ce point essentiel, à citer l'autorité même, il disait souvent : *sine meditatione ad nullam majorem unquàm causam sum ausus accedere* (1).

Mais si la prudence était, sur ce point important, la base de sa conduite dans les grandes actions, on ne saurait vous laisser ignorer, MESSIEURS, que souvent il n'en tentait le succès ou l'éclat dangereux qu'après avoir été lui-même le premier organe de la conciliation.

Son cabinet alors, vrai temple de la concorde, devenait l'asile et le refuge assuré de l'innocence ou du malheur, dont, sans aucun égard à ses intérêts propres, il devenait le premier soutien et l'appui généreux.

O combien est à plaindre et peu digne de remplir le ministère auguste et sacré de l'Avocat, celui qui dédaigne un moyen si puissant de rendre la paix aux familles, et d'épargner à tant d'hommes imprudents ou perfidement égarés, une foule de soins et d'inquiétudes qui font de leur existence même un supplice véritable, quand ils n'entraînent pas encore avec eux la ruine même de leur fortune !

---

(1) Cicero, *de legibus*, lib. 1, p. 24.

Ah ! si mieux éclairés sur leurs véritables droits, si moins dominés par le sentiment d'une injuste cupidité, ils voulaient écouter le langage d'une raison froide et sévère, avec quel empressement, disait souvent ce Jurisconsulte estimable, oui avec quel extrême empressement ils saisiraient l'olivier de la paix que nous leur offrons avec tant d'instance ! Mais hélas, une fois poussés dans les premiers sentiers de la chicane, par une main souvent impure autant qu'intéressée, les malheureux ! sourds à la voix qui les rappelle à la justice, et dans un aveuglement stupide, ils courent se précipiter dans l'abîme affreux qu'on a creusé sous leurs pas incertains.

Tant et de si nobles sentiments dans l'exercice de sa profession, rendaient M. Thieullen l'idole des jeunes gens qui fréquentaient alors le Barreau de cette ville et brûlaient tous du louable désir de marcher sur ses traces glorieuses.

Heureux le petit nombre de ceux qui, comme nous, Messieurs, eurent l'avantage d'être admis à son école, et purent s'y nourrir de la pureté de ses maximes !

Si tous, non également secondés par les talents *acquis* ou par les dons de la nature, n'ont pu répondre avec un succès pareil à ses soins touchants, les brillantes qualités qu'on ne saurait méconnaître aujourd'hui dans l'un des membres les plus distingués de la Cour Impériale de ce département (1), n'en prouvent pas moins que M. Thieullen, qui mérita d'être compté au rang des hommes vraiment

---

(1) M. Aroux, Ier Avocat général de la Cour impériale.

éloquents et vertueux, eut aussi le talent si rare et si précieux d'en former sur son propre modèle.

Ainsi, justement honoré de la confiance publique qui ne l'abandonna jamais, et placé sur la ligne des premiers Avocats de la Province, M. Thieullen semblait alors n'avoir plus rien à désirer pour sa gloire.

Mais elle ne pouvait être pour lui le complément du bonheur. Les ames tendres et sensibles aspirent à des jouissances qui tiennent de plus près au sentiment.

Dans la position avantageuse où l'avaient placé ses talents et sa réputation, il était à Rouen peu de familles qui ne désirassent son alliance. Mais, fidèle à ses grands principes, M. Thieullen ambitionnait moins, dans une compagne, les dons de la fortune que les qualités de l'esprit et du cœur; car il savait bien que le Sage n'a jamais pu trouver la vraie félicité que dans la paix domestique, dont les vertus d'une épouse aimable sont le premier et le plus solide aliment.

Favorable à des vœux aussi prudents qu'ils étaient modestes en eux-mêmes, la providence les couronna bientôt au-delà même de ses espérances, en lui accordant la main d'une jeune personne qui joignait à une grande fortune tous les dons de la nature, et qui se trouvait douée de qualités bien plus estimables encore, j'entends parler de celles qui constituent un esprit juste autant qu'éclairé et une ame vraiment noble et belle.

Fille d'un commerçant connu moins encore par l'importance de ses opérations que par une probité à l'abri de tout reproche, Mlle Asselin, par une alliance que sanctionna l'opinion publique, rendit M. Thieullen le plus fortuné des époux.

Dans le cours de son union avec lui, elle mit le comble à ses tendres désirs, en lui donnant successivement quatre enfants, dont un fils que ses talents déjà renommés, ont appellé aux fonctions de Sous-Préfet au département du Calvados, et trois demoiselles, dont une est aujourd'hui l'épouse d'un négociant que la confiance publique a placé au rang des Juges du Tribunal commercial et maritime de cette grande cité.

Nous ne vous parlerons point, MESSIEURS, de la destinée des deux autres jeunes personnes qui durent le jour à la mère et la plus aimable et la plus infortunée.

Moissonnées avant le temps, l'une, comme une rose qu'un vent brûlant a desséchée, semble n'avoir existé que pour faire naître de justes regrets et porter au cœur paternel les coups les plus sensibles ; l'autre, semblable au lys que l'orage a privé de son appui, n'a pu supporter la douleur de lui survivre quelques instants.

Mais hélas ! une perte aussi déplorable que celle qui priva M. Thieullen de la première, n'était pas la seule infortune qui dût accabler ce père à-la-fois si tendre et si désolé.

Le Ciel, alors jaloux de son repos et de son bonheur, lui réservait une seconde épreuve qui mit le comble à sa douleur mortelle.

Encore à la fleur de l'âge, Madame Thieullen elle-même fut atteinte d'une maladie grave, qui l'enleva bientôt à ses enfants inconsolables et à son malheureux époux, qu'elle plongea dans le plus affreux désespoir.

Deux blessures aussi cruelles faites, à peu d'intervalle, au cœur d'un homme aussi sensible, firent long-temps craindre à ses amis que le poids de sa douleur ne l'entraînât lui-même au tombeau.

Comment, en effet, survivre à des pertes de cette nature ! Et combien n'était-il pas à plaindre alors !

Après avoir éprouvé les plus douces jouissances, au sein d'une famille dont il était à-la-fois l'idole, le soutien et l'instituteur, l'infortuné faisait la douloureuse expérience de cette terrible vérité proclamée par un auteur anglais : » *Qu'un homme heu-* » *reux contracte une dette avec le malheur, et qu'il* » *doit toujours trembler d'en payer chèrement les* » *arrérages* ».

Mais, quoique profondément affligé par d'aussi tristes événements, M. Thieullen, appelant à son aide et la raison qui nous fait une loi de céder à l'empire de la nécessité, et l'intérêt de ses autres enfants qui demandait sa conservation, M. Thieullen, disons-nous, ne perdit pas de vue qu'au sein des plus affreux revers domestiques, le cri de sa douleur devait céder à la voix de la patrie, qui, malheureuse elle-même, appelait alors tous les citoyens à son secours.

Vous vous rappelez, MESSIEURS, cette époque à-la-fois si douloureuse et si mémorable où, né du sein des orages politiques, le fanatisme de la liberté sappait, en France, et le trône et l'autel dans leurs premiers fondements.

Violée jusques dans son temple auguste et sacré, la Justice elle-même n'en put interdire l'accès à ce monstre sanguinaire dont la main impie osa disperser jusqu'aux pontifes chargés du soin d'en manifester les oracles.

Comme toutes les autres parties de l'empire

ébranlé , la capitale de cette belle et fertile province , réduite à pleurer la perte de ses anciens Magistrats , gémissait encore du silence presque total des lois qui nous présageait dès - lors toutes les horreurs de cette anarchie dont nous avons été les déplorables victimes.

Tout-à-coup, par l'effet heureux de cette vénération naturelle dont , au milieu même des plus grands désordres d'un état déchiré par les factions, la multitude a peine à se défendre à l'aspect d'un homme doué de grands talents ou de grandes vertus , M. Thieullen fut appelé par le peuple lui-même à l'honneur de présider le Tribunal de district établi dans cette ville , que la sagesse et la modération de ses administrateurs ont toujours su maintenir dans un esprit de paix et dans un état de tranquillité.

Guidé , moins par un sentiment d'ambition que par celui de l'obéissance aux lois du nouveau Gouvernement qui lui déléguait une portion de son autorité suprême , il crut devoir , sans balancer , répondre à sa confiance honorable , et montra bientôt que si , par le talent précieux de la parole , il avait su jusques-là défendre avec succès au pied des Tribunaux les droits sacrés de la justice et de la vérité , il n'était pas moins habile à les faire triompher dans le conflit ou la divergence des opinions des Magistrats qu'il avait l'honneur de présider.

Tant de succès dans l'exercice habituel d'une fonction aussi importante qu'elle est vraiment délicate et pénible , sur-tout à la tête d'un Tribunal de première instance où des travaux immenses , des détails multipliés demandent un zèle , un courage et des lumières qui, pour être encore aujourd'hui le noble partage du Magistrat vertueux qui l'a remplacé (1), n'en sont pas moins singulièrement difficiles à réunir dans un même individu ; oui, Messieurs, tant de succès dans l'exercice de ses nobles fonctions, lui méritèrent bientôt la plus douce des récompenses pour un cœur honnête et pur : j'entends parler de cette pleine confiance, de cette estime générale dont il fut honoré dans tous *les partis* et au milieu même des excès de la révolution, dont son désintéressement bien connu et la candeur de son ame aimante et sensible, ont toujours su le garantir.

Vous ne serez donc pas surpris, Messieurs, si, comme un rocher dont les flots qui le pressent et l'environnent ne sauraient atteindre le sommet au milieu même des plus violents orages, ce digne et vertueux Magistrat a su conserver sa *prééminence honorable*, au sein même de toutes les agitations politiques qui tant de fois, sous le gouvernement populaire ou républicain, ont boulversé l'ordre judiciaire.

Non ! vous ne serez point encore étonnés si, depuis et à l'époque où le corps de la haute magistrature a été recréé dans toute sa splendeur, si, par un bienfait de la Majesté souveraine, singuliérement attentive au bonheur de ce département, M. Thieullen a été honoré des titres glorieux de premier *Président de la Cour Impériale*, et placé dans le rang des membres de la *Légion d'honneur* et des *Barons de l'Empire*.

Ces hautes distinctions, qui honorent à-la-fois et

---

(1) M. Boulenger.

le Prince judicieux qui les accorde et le sujet re-
commandable qui en est l'objet intéressant, flattè-
rent sans doute M. Thieullen, qui les reçut avec
reconnaissance ; mais elles ne changèrent rien ni
à la simplicité de ses mœurs ni à sa candeur
naturelle.

Les honneurs , si vivement ambitionnés par ceux
même qui les méritent le moins , peuvent quelque
fois les égarer ou leur inspirer ce fol et vain orgueil qui , les portant au mépris de leurs semblables , les dégrade et les abaisse nécessairement dans
l'opinion publique ; mais , exempt des vices d'un
esprit sans élévation , ou des faiblesses d'une ame
étroite et bornée , M. Thieullen , au sein des digni-
tés , conserva cette aménité de caractère qui rendait son commerce agréable , et cette précieuse affabilité qui , sans porter atteinte à la dignité de sa
place , rendait son accès toujours aimable et facile.

Mais , s'il ne se fit pas remarquer par ce faste imposant qui ne trompe ou ne séduit que le vulgaire
insensé , il ne négligea rien de ce qui pouvait le
faire briller de l'éclat propre au vrai Magistrat , et
lui donner cette haute considération qui toujours
environne l'homme public , quand il est à-la-fois
intègre , affable et laborieux , et qui lui mérita cet
accueil si flatteur dont le Souverain même , à
son dernier passage dans nos murs fortunés , daigna
l'honorer particulièrement, en l'admettant aux épan-
chements les plus familiers de son cœur magna-
nime.

Malgré les infirmités qui commençaient à l'assiéger
avant le temps , ce Magistrat , comblé des bontés de
l'Empereur , qui paraissait l'affectionner tendrement,
remplissait les devoirs de sa place avec une exac-

titude et une constance qui tenaient du prodige ;
et ce qui constituait alors essentiellement son mérite, c'était cette clarté, cet ordre admirable qu'on
n'a cessé de remarquer dans ses discussions les plus
épineuses et dans le prononcé des arrêts lumineux
qui en étaient la suite, et qu'on ne pouvait consi-
dérer que comme les oracles même de la justice et
de l'équité.

Aussi pouvait-il à bon droit se prévaloir d'une
sincère et continuelle vénération de la part de ceux
même que la rigueur des principes le forçait à
condamner ; et si quelques hommes, égarés par la
prévention, lui ont refusé le témoignage de ce doux
et juste sentiment, c'est que, s'obstinant à chercher
dans la nature humaine une perfection qui n'est
pas de son essence, ils n'ont pas voulu se pénétrer
de ces vérités : que notre intelligence à ses bornes ;
que notre sagesse à ses écueils, et qu'une erreur
capitale peut quelquefois échapper à la vertu même.

Mais, quoiqu'en aient pu dire et puissent répéter
encore ceux qui cèdent trop aisément à l'empire
des préjugés, M. Thieullen n'en sera pas moins
compté au rang des Magistrats les plus recommandables, et par les talents de l'esprit et par les
qualités du cœur.

Des avantages aussi rares, MESSIEURS, vous faisaient désirer depuis long-temps de le voir siéger
au nombre de vos membres résidents. Vous pré-
voiyez dès-lors que le tribut de ses connaissances
personnelles devait donner un nouveau lustre à vos
nobles travaux, et le discours éloquent qui signala
le beau jour de sa réception parmi vous, à bientôt démontré que vos douces espérances n'avaient
point été trompées.

Plein de cette idée juste et vraie que, sans la culture des sciences et des arts, tout dans la nature serait privé de sentiment et de vie, et que l'homme, insensible à ses merveilles et réduit à l'état abject de la brute elle-même, végéterait comme elle au sein de l'univers, sans en avoir l'intelligence heureuse, il vous a, dans ce riche et brillant tableau, fait connaître la grandeur et la beauté du domaine immense dont vos lumières et vos découvertes vous ont assuré l'importante possession.

Heureux ! si, avec plus de loisir dans l'exercice de ses importantes fonctions, il avait pu vous développer dans la suite cette neuve et brillante théorie.

Plus heureux nous-mêmes si, dans la plénitude de ses faveurs, la providence nous l'eût conservé plus long-temps.

Mais vous vous le rappelez, Messieurs, déjà, depuis quelques années, ses traits sensiblement altérés décélaient en lui un état habituel de souffrances qu'il cachait vainement à ses proches comme à ses amis.

Douloureusement affectés de sa pénible situation, qui chaque jour prenait un caractère plus alarmant, les uns et les autres s'empressaient également d'appeler à son aide les secours de l'art dont la puissance leur paraissait devoir opérer quelque soulagement à ses maux.

Mais vaine espérance ! attente illusoire et frivole !

Que peuvent hélas ! toutes les ressources du génie, toutes les combinaisons du talent même, contre les douleurs dont le sentiment est le principe accablant !

Les maladies du corps peuvent céder à la puissance des remèdes sagement administrés, celles de l'ame opposent une résistance invincible, et le trait qui a blessé le cœur d'un bon époux ou celui d'un véritable père ne saurait jamais sortir qu'avec la vie.

Oui, c'est envain, MESSIEURS, que la pompe des fêtes ou le charme des plaisirs promettent quelque jouissance à son ame oppressée ;

Sans cesse errante sur les bords du tombeau qui renferme ce qu'il eut de plus cher au monde, sa pensée, dans une activité qui l'épuise et le dévore insensiblement, ne saurait embrasser d'autre objet que celui de son deuil éternel ;

Et si chaque aurore avec le cercle du jour ouvre celui de ses infortunes, chaque nuit aussi, témoin discret de ses gémissements profonds, ne saurait étendre ses voiles ténébreuses sans rouvrir la source de ses larmes amères.

Déjà depuis trop long-temps séparé d'une épouse adorée, privé d'une fille dont les graces et touchantes et modestes, en imprimant le respect, inspiraient à - la - fois les sentiments les plus tendres, M. Thieullen ne pouvait se consoler du coup affreux qui les avait l'un et l'autre arrachés à son amour.

La même main qui les avait fait tomber sous la faux du trépas, en avait mis le germe dans son sein malheureux, et les chagrins qui depuis ne cessèrent de le miner sourdement, en hâtèrent bientôt le développement d'une manière qui ne laissait plus d'espérance.

Ne pouvant se faire illusion à lui-même sur le pressant danger de sa position, il crut ne pas devoir différer quelques arrangements de famille dont il rendit dépositaire l'un des plus estimables Présidents de la Cour impériale. (1)

Tournant ensuite toutes ses pensées vers l'abyme d'une éternité dont on ne saurait envisager la profondeur sans découvrir tout le néant de ce qui nous environne, M. Thieullen, dans ses derniers moments, ne se dissimula point l'importance d'un prompt et vrai retour sur lui-même.

Dès la plus tendre enfance, élevé dans les principes d'une religion tout-à-la-fois sublime et consolante, il se plaisait à rendre hommage à la beauté comme à la vérité de ses dogmes sacrés. Et si, distrait dans le cours d'une vie long-temps consacrée aux affaires de l'état, sur-tout en des temps orageux et difficiles, il put quelques moments en négliger la pratique, au moins ne cessa-t-il jamais d'en proclamer la morale avec enthousiasme, et, de l'aveu de ceux qui l'ont le mieux connu, il fut toujours sincèrement religieux dans le cœur.

Avec de semblables principes, qui faisaient alors le fondement de ses plus belles espérances, il ne rougit point de réclamer lui-même les secours puissants d'un saint ministère, et d'offrir à sa famille éplorée le spectacle attendrissant d'un homme de bien qui, sans crainte et sans remords, s'abandonne avec confiance aux décrets éternels de l'auteur de son être et consomme en paix son dernier sacrifice.

C'est ainsi, Messieurs, qu'au mois de septembre 1811, après d'assez longues souffrances dont il supporta la rigueur avec courage, il termina sa carrière honorable, après avoir reçu tous les genres

---

(1) M. Belhôte.

de consolations qu'il pouvait attendre d'une religion que toujours il avait tendrement aimée.

Qu'une philosophie désespérante dans les résultats de sa doctrine odieuse autant qu'impolitique ose en murmurer et l'accuser aujourd'hui d'une honteuse faiblesse, laissons-lui ses vaines théories, fruits ténébreux d'un esprit révolté. Ses injustes arrêts ou ses mépris insultants ne changeront rien à la force du témoignage d'un esprit judicieux, d'un homme éclairé qui, n'ayant plus rien à dissimuler en quittant la vie, descend seul, armé du flambeau de la vérité, dans la nuit même du tombeau.

La main des arts, MESSIEURS, eût pu décorer celui du Magistrat que nous pleurons, de riches ornements dont la magnificence eût rappelé ses titres et sa grandeur.

Mais qui vécut sans faste et sans orgueil, n'a pas besoin, au champ du repos, de l'éclat d'un pompeux mausolée ; et les trophées qui parent celui de la vanité, ne sauraient résister à la main du temps qui tôt ou tard les brise ou les efface.

Celui dont les vertus ont fait toute la gloire survit à tous les âges, et, comme l'a dit le prince des Poëtes latins, malgré la brièveté de la vie, le souvenir de ses belles qualités, profondément gravées dans tous les cœurs, rend sa mémoire éternelle :

> *Breve et irreparabile tempus.*
> *Omnibus est vitæ, sed famam extendere factis*
> *Hoc virtutis opus.* (1)

---

(1) *Æneidos, lib. X.*

Mais, qu'ai-je dit, MESSIEURS, dans l'abondance de mes tristes pensées ? Qu'ai-je osé publier dans l'abandon d'un cœur encore flétri par la douleur?

Est-ce bien moi qui, mêlant aujourd'hui quelques fleurs aux cyprès dont sa tombe silencieuse est ombragée, ai pu rappeler à vos esprits désolés de si cruels souvenirs, et vous parler des derniers moments d'un membre qui vous fut cher à tant de titres ?

M. Thieullen est-il donc perdu pour vous ?

Non, MESSIEURS, il revit tout entier dans le Magistrat intègre et judicieux qui le remplace aujourd'hui.

Doué de son affabilité même et de toutes ses ver-tus domestiques, il vous en reproduit l'image.

Consolés par sa noble présence, vous en ressentez déjà l'influence heureuse, et bientôt, MESSIEURS, elle suffira pour tempérer l'amertume de vos justes regrets.

A Rouen, De l'Imp. de P. PERIAUX, Imp. de l'Académie, rue de la Vicomté, n° 30. (1813,)